CHICAGO PUBLIC LIBRARY

W9-AHP-958

CHICAGO PUBLIC LIBRARY

Chicago Public Library
West Belmont Branch
3104 N Narragansett
Chicago, IL 60634

JUL - - 2005

CHICAGO PUBLIC LIBRARY

Chicago Public Library
West Belmont Branch
3104 N Narragansett
Chicago, IL 60634

Tajemniczy pamiętnik Elli

Ellie's ~~My~~ Secret Diary

Henriette Barkow & Sarah Garson

Polish translation by Sophia Bac

CHICAGO PUBLIC LIBRARY
ARCHER HEIGHTS BRANCH
5055 S. ARCHER AVE.
CHICAGO, IL 60632

JUV/Pol FIC BARKOW
Barkow, Henriette.
Tajemniczy pami¸etnik Elli
=

Niedziela rano 7.30

Kochany Pamiętniku

Miałam zły sen wczoraj. Biegłam ... i biegłam. Ogromny tygrys mnie gonił. A ja biegłam szybciej i szybciej ale nie mogłam uciec całkowicie. Już był tuż przy mnie ... gdy nagle się obudziłam.

Trzymałam Flo w moich ramionach. Ona mi daje poczucie bezpieczeństwa – Ona wie co się dzieje. Mogę jej się zwierzyć.

Ciągle mam te koszmarne sny. Nie było tak przedtem.

Przedtem miałam wiele przyjaciółek – takich jak Sara i Jenny. Sara chciała abym poszła z nią na zakupy ale ...

W szkole jest PIEKŁO od czasu kiedy ONA przyszła. Nienawidzę nienawidzę NIENAWIDZĘ jej!!!

R03110 55930

Sunday morning 7.30

Dear Diary

Had a bad dream last night.
I was running ... and running.
There was this huge
tiger chasing me.
I was running faster and faster but
I couldn't get away.
It was getting closer and then ...
I woke up.

I held Flo in my arms. She makes me feel safe
- she knows what's going on. I can tell her.

Keep having bad dreams.
Didn't used to be like that.

I used to have loads of friends - like Sara and Jenny.
Sara asked me to go to the shops but ...

School's been HELL
since SHE came.

I hate hate
HATE her!!!

Chicago Public Library
West Belmont Branch
3104 N Narragansett
Chicago, IL 60634

Sunday evening 20.15

Dear Diary

Went to Grandad's.
Lucy came and we climbed the big tree.
We played pirates.
School 2morrow.
Don't think I can face it.
Go to school and
see HER!

SHE'll be waiting. I KNOW she will.

Even when she isn't there I'm scared
she'll come round a corner.
Or hide in the toilets like a bad smell.
Teachers never check what's going
on in there!

If ONLY I didn't have to go.

Flo thinks I'll be ok.

Niedziela wieczór 20.15

Kochany Pamiętniku

Odwiedziłam Dziadka.
Lucy przyszła i wspinałyśmy się na to wielkie drzewo. Bawiłyśmy się w piratów. Jutro szkoła. Nie mogę sobie tego wyobrazić. Iść do szkoły i zobaczyć JĄ.

ONA będzie tam czekać. Ja WIEM że będzie.

Nawet gdy jej nie ma, to boję się, że wyskoczy zza rogu. Albo, że ukrywa się w ubikacji jak zły smród. Nauczyciele nigdy nie sprawdzają co się tam dzieje.

Żeby TYLKO nie musiałam tam iść.

Flo myśli że będzie dobrze.

Poniedziałek rano 7.05

Znowu miałam ten sam sen.
Tylko tym razem to ONA goniła mnie.
Próbowałam uciec, ale ona była coraz bliżej, jej ręka prawie dotykała mojego ramiona ... i obudziłam się.

Nie dobrze mi jest ale zmusiłam się do zjedzenia śniadania, żeby mama nie domyśliła się niczego.
Nie mogę powiedzieć mamie – bo wtedy będzie gorzej.
Nie mogę powiedzieć nikomu, bo pomyślą sobie, że jestem tchórzem, a przecież nim nie jestem.

To tylko ta dziewczyna i co ona ze mną wyprawia.

Monday morning 7.05

I had that dream again.
Only this time it was HER who was chasing me. I was trying to run away but she kept getting closer and her hand was just on my shoulder ... then I woke up.

I feel sick but I made myself eat breakfast, so mum won't think anything's up.
Can't tell mum – it'll just make it worse.
Can't tell anyone.
They'll think I'm soft and I'm not.
It's just <u>that girl</u> and what SHE does to me.

Monday evening 20.30

Dear D

SHE was there. **Waiting.**
Just round the corner from school where nobody could see her. SHE grabbed my arm and twisted it behind my back.
Said if I gave her money she wouldn't **hit me.**
I gave her what I had. I didn't want to be hit.
"I'll get you tomorrow!" SHE said and pushed me over before she walked off.
It hurt like hell. She ripped my favourite trousers!

Told mum I fell over. She sewed them up.
I feel like telling Sara or Jenny but they won't understand!!

Glad I've got you and Flo to talk to.

Poniedziałek wieczór 20.30

Kochany P

ONA była tam. CZEKAŁA.
Tuż za rogiem poza szkołą gdzie nikt nie mógł jej widzieć.
ONA chwyciła mnie za ręke i wykręciła mi ją za plecy.
Powiedziała, że jeśli jej dam pieniądze to mnie nie zbije.
Dałam jej co miałam. Nie chciałam być pobita.

„Złapie cię jutro!" ONA powiedziała i przewróciła mnie zanim odeszła. To piekielnie bolało. Rozdarłam moje ulubione spodnie!

Powiedziałam mamie, że upadłam. Mama zaszyła mi je. Mam ochotę powiedzieć Sarze albo Jenny ale one tego nie zrozumią!!

Dobrze, że mam ciebie i Flo do zwierzania się.

Wtorek rano 7.30

Nie mogłam spać całą noc.
Tylko leżałam. Bałam się spać.
Bardzo się bałam tego samemu snu.
ONA tam będzie czekać na mnie.

Dlaczego ona MNIE się czepia?
Nic jej przecież nie zrobiłam.
Musiałam zasnąć, bo następnie
mama mnie budzi.

Nie mogłam zjeść śniadania.
Dałam go Samowi, aby mama
nic nie zauważyła.

Tuesday morning
7.30

Couldn't sleep last night.
Just lay there. Too scared to go to sleep.
Too scared I'd have that dream again.
SHE'll be waiting for me. Why does she always
pick on ME? I haven't done anything to her.
Must have dropped off, cos next thing
mum was waking me.

Couldn't eat breakfast.
Gave it to Sam so mum wouldn't notice.

Wtorek wieczór 20.00

ONA szła za mną ze szkoły – wielka i silna. ONA pociągnęła mnie za włosy. Chciałam krzyknąć z bólu, ale nie chciałam dać jej tej atysfakcji.

„Masz pieniądze dla mnie?” ONA fuknęła na mnie. Potrząsnęłam głową.
„Zabieram to,” ONA warknęła, porywając moją torbę z rzeczami na w-f, „zanim mi je dasz.”

Chciałabym jej oddać! Chciałabym jej walnąć w tą grubą gębe! Co mam zrobić? Nie mogę jej uderzyć bo jest większa ode mnie.

Nie mogę prosić mamę albo tatę o pieniądze, bo będą chcieli wiedzieć na co.

Tuesday evening 20.00

SHE followed me out of school – all big and ~~tuff~~ tough.
SHE pulled my hair. Wanted to scream but I didn't want to give her the satisfaction.
"You got my money?" SHE spat at me.
Shook my head. "I'll have this," SHE snarled, snatching my PE bag, "til you give it to me."
I'd love to give it to her! Feel like punching her fat face!
What can I do? I can't hit her cos she's bigger than me.

I can't ask mum
or dad for the money
cos they'll want to
know what it's for.

Środa rano 5.30

Pamiętniku zrobiłam coś złego.

Naprawdę bardzo złego!

Jeśli mama to wykryje to nie wiem co ona zrobi.
Za to ja będę miała wielkie kłopoty – napewno.

Wczoraj wieczorem widziałam mamy portmonetkę na stole. Nikogo nie było, więc wzięłam £5 funtów.

Zwrócę je, jak tylko będę mogła.
Zaoszczędzę moje kieszonkowe.
Postaram się zarobić trochę.

Mam nadzieję, że mama nic nie zauważy.

Bo inaczej będzie bardzo zła!

Wednesday morning 5.30

Diary, I've done something bad.

Really bad!

If mum finds out I don't know what she'll do.
But I'll be in big trouble - for sure.

Last night I saw mum's purse on the table.
I was on my own and so I took £5.

I'll put it back as soon as I can.
I'll save my pocket money.
I'll try and earn some money.

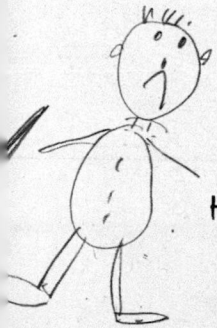

Hope mum doesn't miss it.

She'll go mad!

Środa wieczór 19.47

To był najgorszy dzień mojego życia!!

Po 1-sze – zostałam zbesztana, bo nie miałam moich rzeczy na w-f.
Po 2-gie – nie odrobiłam zadania domowego.
Po 3-cie – ONA czekała na mnie przy bocznej bramie.
Wykręciła mi rękę i zabrała pieniądze.
Rzuciła moją torbę do błota.
Po 4-te – ONA chce więcej.
Ja nie mogę dostać więcej ...
Ja już ukradłam mamie.
Nie wiem co mam robić.

Chciałabym, żebym się nigdy nie urodziła!!

Wednesday evening 19.47

Czwartek rano 8.15

Nie mogę uwierzyć. Mama wykryła!!

Chciała wiedzieć, czy ktoś nie widział jej banknotu £5-cio funtowego. Wszyscy zaprzeczyliśmy. Co miałam innego powiedzieć?

Czuję się źle, bardzo źle. Nienawidzę kłamać. Mama powiedziała, że zaprowadzi mnie do szkoły. Przynajmniej będę bezpieczna aż do powrotu ze szkoły.

Thursday morning 8.15

I can't believe it. Mum's found out!!

She wanted to know if anybody
had seen her £5 note.
We all said no.
What else could I say?

I feel bad, really bad. I hate lying.
Mum said she's taking me to school.
At least I'll be safe til home time.

Thursday evening 18.30

On the way to school mum asked me if I took the money.
She looked so sad.
I had thought of lying but seeing her face
I just couldn't.
I said yes and like a stupid idiot burst into tears.

Mum asked why?
And I told her about the girl and what she'd been doing to me. I told her how scared I was.
I couldn't stop crying.
Mum held me and hugged me.

When I'd calmed down, she asked, if there was anyone at school I could talk to?
I shook my head.
She asked if I would like her to talk to my teacher.

Czwartek wieczór 18.30

W drodze do szkoły, mama zapytała mnie czy to ja wzięłam pieniądze.
Była bardzo smutna. Pomyślałam sobie, że skłamię, ale jak zobaczyłam jej twarz, to nie mogłam.
Powiedziałam tak, i jak głupol wybuchnęłam płaczem.

Mama zapytała dlaczego?
Wtedy jej powiedziałam o tej dziewczynie i o tym co ona mi robiła. Powiedziałam mamie jak ja się jej strasznie boję. I nie mogłam powstrzymać mojego płaczu. Mama wzięła mnie w swoje ramiona i przytuliła mnie.

Gdy uspokoiłam się, mama zapytała mnie, czy nie ma nikogo w szkole komu mogłabym to powiedzieć?
Potrząsnęłam głową. Zapytała mnie, czy chciałabym, żeby ona porozmawiała z nauczycielką.

Friday morning 6.35

Dearest Diary

Still woke up real early but

I DIDN'T HAVE THAT DREAM!!

I feel a bit strange. Know she won't be in school - they suspended her for a week. What if she's outside?

My teacher said she did it to others - to Jess and Paul.

I thought she'd only picked on me.
But what happens if she's there?

Piątek rano 6.35

Ukochany Pamiętniku

Nadal się obudziłam wcześnie ale

JUŻ NIE MIAŁAM TEGO SNU!!

Czuję się trochę dziwnie. Wiem, że jej nie będzie w szkole – zawieszono ją na tydzień. A co będzie jeśli ona będzie czekać na mnie na dworze?

Moja nauczycielka powiedziała, że ona też to robiła innym – Jessowi i Pawłowi.

Ja myślałam, że ona tylko mnie się czepiała. Ale co będzie jeśli ona tam będzie?

Piątek wieczór 20.45

Naprawdę jej tam nie było!!! Miałam rozmowę z bardzo przyjemną panią, która powiedziała mi, że mogę porozmawiać z nią kiedykolwiek będę chciała. Powiedziała, że jeżeli ktokolwiek będzie mnie prześladować, to muszę postarać się to komuś powiedzieć. Zwierzyłam się do Sary i Jenny. Sara powiedziała, że ją to samo spotkało w jej poprzedniej szkole. Nie chodziło o pieniądze, ale jakiś chłopak czepiał się jej bez przerwy.

Będziemy wszyscy opiekować się sobą wzajemnie w szkole tak, aby nikt nie czepiał się nikogo. Może wszystko będzie w porządku. Kiedy przyszłam do domu mama zrobiła mi moją ulubioną kolację.

Friday evening 20.45

She really wasn't there!!!
I had a talk with a nice lady who said I could talk to her at any time. She said that if anyone is bullying you, you should try and tell somebody.
I told Sara and Jenny. Sara said it had happened to her at her last school. Not the money bit but this boy kept picking on her.

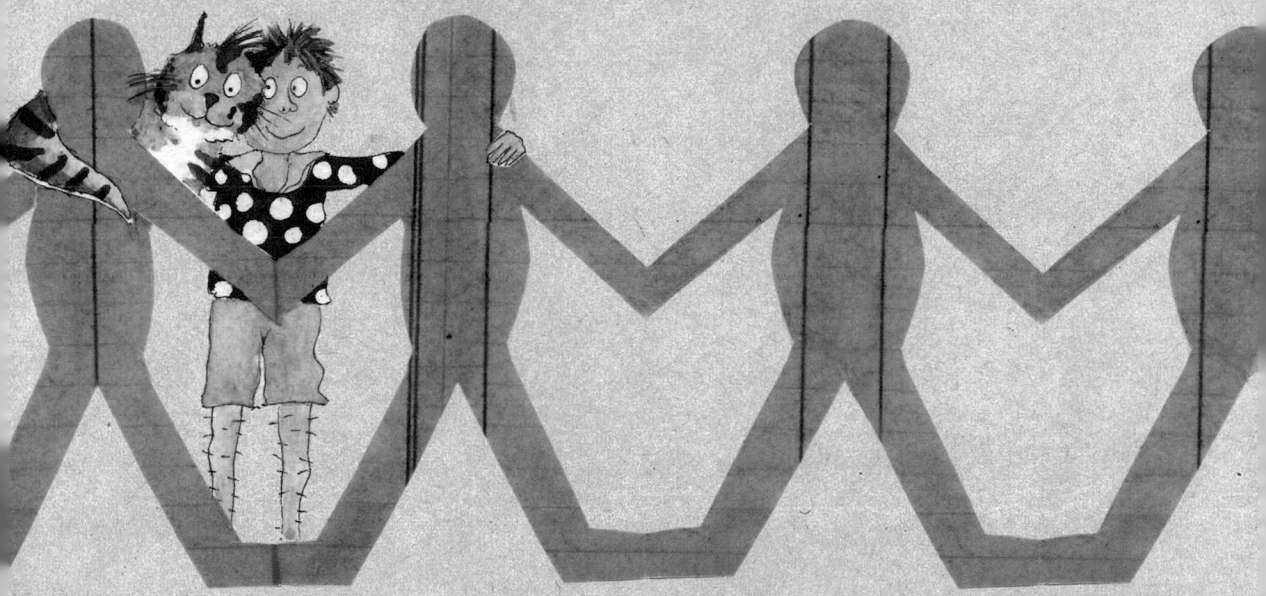

We're all going to look after each other at school so that nobody else will get bullied. Maybe it'll be ok.
When I got home mum made my favourite dinner.

Sobota rano 8.50

Drogi Pamiętniku

Nie ma szkoły!! Nie ma złych snów!!

Poszukałam w internecie i było pełno rzeczy o prześladowaniu. Nie myślałam, że to tak często się zdarza, ale to się zdarza cały czas! Nawet dorosłym i rybom.

Czy ty wiesz że ryby mogą zdechnąć ze stresu od znęcania się nad nimi? Istnieją różnego r odzaju porady telefoniczne i tym podobne rzeczy – dla ludzi, nie ryb!!

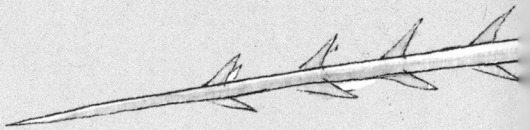

Żebym to wiedziała wcześniej!

Saturday morning 8.50

Dear Diary

No school!! No bad dreams!!

Had a look on the net and there was loads about bullying. I didn't think that it happened often but it happens all the time! Even to grown-ups and fishes. Did you know that fishes can die from the stress of being bullied? There are all kinds of helplines and stuff like that - for people, not fishes!!

I wish I'd known!

Sobota wieczorem 21.05

Tato zabrał mnie i Samiego do kina. Film był bardzo śmieszny. Dobrze ubawiliśmy się.

Sam chciał wiedzieć, dlaczego nigdy nie powiedziałam mu o tym.

„Ja bym jej rozbił gębe!„ powiedział.
„Włedy ty też, zostałbyś prześladowcą!”
powiedziałam mu.

Saturday evening 21.05

Dad took me and Sam to see a film. It was really funny. We had such a laugh.
Sam wanted to know why I never told him about what was going on.
"I would have smashed her face!" he said.
"That would just have made you a bully too!" I told him.

What Ellie found out about bullying:

If you are bullied by anyone in any way IT IS NOT YOUR FAULT!
NOBODY DESERVES TO BE BULLIED!
NOBODY ASKS TO BE BULLIED!

There are many ways in which somebody can be bullied.
Can you name the ways in which Ellie was bullied?
Here is a list of some of the ways children are bullied:

- being teased
- being called names
- getting abusive messages on your mobile phone
- getting hate mail either on email or by letter
- being ignored or left out
- having rumours or lies spread about you
- being pushed, kicked, shoved or pulled about
- being hit or punched or hurt physically in any way
- having your bag or other belongings taken and thrown about
- being forced to hand over money or your belongings
- being attacked because of your race, religion or the way you speak or dress

Ellie found that it helped to keep a diary of what was happening to her.
It's a way of keeping a record of dates and times when things occurred.
It's also a way of not bottling everything up. It is important that you try and tell somebody what is going on.
Maybe you could try talking to a friend who you trust.
Maybe you could try talking to your mum or dad, sister or brother.
Maybe there is a teacher at school who you feel comfortable talking to.
Most schools have an anti-bullying policy and may have somebody (like the kind lady Ellie mentions in her diary) to talk to.

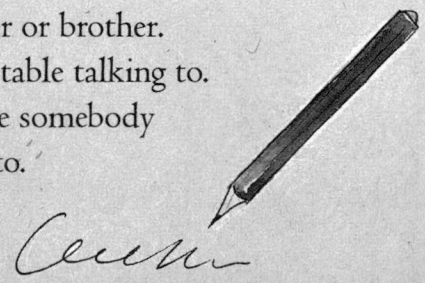

Here are some of the helplines and websites that Ellie found:

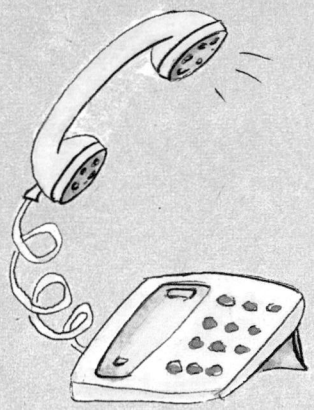

Helplines:

CHILDLINE 0800 1111

KIDSCAPE 020 7730 3300

NSPCC 0808 800 5000

Websites:

In the UK:
www.bbc.co.uk/schools/bullying
www.bullying.co.uk
www.childline.org.uk
www.dfes.gov.uk/bullying
www.kidscape.org.uk/info

In Australia & New Zealand:
www.kidshelp.com.au
www.bullyingnoway.com.au
ww.nobully.org.nz

In the USA & Canada:
www.bullying.org
www.pta.org/bullying
www.stopbullyingnow.com

If you want to read more about bullying there are many excellent books so just check your library or any good bookshop.

Books in the *Diary Series*:
Bereavement
Bullying
Divorce
Migration

Text copyright © 2004 Henriette Barkow
Illustrations copyright © 2004 Sarah Garson
Dual language copyright © 2004 Mantra Lingua

All rights reserved. No part of this publication may be reproduced, stored in or introduced into a retrieval system, or transmitted, in any form, or by any means (electronic, mechanical, photocopying, taping, recording or otherwise) without the prior written permission from the publisher.

A CIP catalogue record for this book is available from the British Library

First published 2004 by Mantra Lingua
Global House, 303 Ballards Lane
London N12 8NP
www.mantralingua.com